D1686934

KLEINE FRÄNKISCHE BIBLIOTHEK
2

Italo Svevo
Die Zukunft
der Erinnerungen

Elio Schmitz
Reise nach Segnitz

Kleebaum Verlag

Einbandillustration von Johannes Käfig

1996
Kleebaum Verlag
Lizenzausgabe mit freundlicher Genehmigung
der Rowohlt Verlag GmbH,
Reinbek bei Hamburg
entnommen aus
Italo Svevo ERZÄHLUNGEN Band 1
Copyright © 1967, 1983 by
Rowohlt Verlag GmbH, Reinbek bei Hamburg
© Dall'Oglio, editore, Milano, 1968
Elio Schmitz REISE NACH SEGNITZ
wurde mit freundlicher Genehmigung entnommen aus
Italo Svevo, Samuel Spiers Schüler
Copyright © 1996 Zeno's Verlag,
Segnitz bei Würzburg
ISBN 3-930498-09-X
Gesamtherstellung: Pustet, Regensburg

Italo Svevo (eigentlich Ettore Schmitz) galt lange und nicht nur zu Lebzeiten (1861–1928) als literarischer Geheimtip. Dabei haben ihm und seinem Werk (vor allem den Romanen ›*Senilità*‹ und ›*Zeno Cosini*‹) anerkannte Autoren immer wieder höchstes Lob gezollt wie z. B. der mit ihm geistesverwandte Elias Canetti (»Svevo ist für mich einer der wichtigsten modernen Schriftsteller«).

Mittlerweile hat nicht nur die Literaturkritik dem gebürtigen Triestiner den Rang eingeräumt, der ihm zusteht: einer der »großen psychologischen Realisten der Weltliteratur« und der »vielleicht hellsichtigste und ernüchternste Dichter des bürgerlichen Lebens« zu sein.

Wenig oder nur Eingeweihten bekannt ist, daß der »deutsche Italiener« von 1874 bis 1878 Schüler eines Internats im fränkischen Segnitz war und die Fahrt dorthin zum Sujet einer seiner persönlichsten Geschichten machte.

Die autobiographische Erzählung ›*Die Zukunft der Erinnerungen*‹ schildert die Reise Ettores (= Roberto) und seines Bruders Adolfo (= Armando) von Triest aus über Verona, Innsbruck, Kufstein und Würzburg ins Brüsselsche Institut, an dem der engagierte Sozialdemokrat Samuel Spier (= Herr Beer) seine Vorstellungen von einer »guten Schule« zu verwirklichen suchte.

»Ausgangspunkt« der ›Erinnerungen‹, die 1925 entstanden und 1949 erstmals erschienen, ist wohl Italo Svevos nochmaliger Besuch des unterfränkischen Städtchens mit seiner Familie im Jahre 1913.

Die weniger poetischen und positiven Reminiszenzen an die Reise nach und die Zeit in Segnitz seines Bruders Elio, der 1876 ebenfalls ins dortige Internat kam, entstanden Ende 1879 und ergänzen den Svevoschen Text in geradezu einmaliger Art und Weise.

Gerhard C. Krischker

Italo Svevo
Die Zukunft
der Erinnerungen

Ein Land, weit weg von Italien und von Triest. Besser als an das Land selbst erinnerte sich Roberto an die Krise, die ihn dorthin gebracht hatte, nämlich an die endlose Reise. Verona! Ein Hotelbus mit großen Fenstern und auch zwei verzierten Spiegeln, die klingelten, während das Fahrzeug über das Steinpflaster holperte. Er erinnerte sich an die Ankunft und an die Abfahrt, nicht an den Aufenthalt – wahrscheinlich schlief er in der Nacht tief, nach dem Tag auf der Bahn. Dann erinnerte er sich noch an den Brenner und an einen Engländer, der ihm, dem Kind, in miserablem Italienisch erklärt hatte, daß man den Gipfel des Gebirges zu Fuß schneller erreichen könnte als mit der Bahn, die sich in langen Schleifen hinaufwand. Danach kam Innsbruck und der Schnee, nichts als Schnee, und nicht *eine* Kontur eines Hauses. Die Nacht, die sie in Innsbruck verbracht hatten, existierte ebensowenig wie die Nacht in Verona.

Gewiß mußte sich nach Innsbruck, viele

Stunden nach der Abfahrt, eine Szene ereignet haben, die der alte Mann in seinem Gedächtnis wiederfand: Er war in heftiges Weinen ausgebrochen, und Vater und Mutter wollten ihn beruhigen, besänftigen. Ein großer Schmerz, die Entdeckung der eigenen Unterlegenheit. Der Vater, der sich anschickte, die beiden Kinder im Internat allein zu lassen, wollte sofort damit beginnen, ihr Leben zu regeln. Armando, der dreizehn Jahre alt war, hätte die Aufsicht über Roberto übernehmen sollen, der erst elfeinhalb war. Bis dahin war dies allerdings nicht der Fall gewesen, und daher rührten die Verblüffung und der Schmerz Robertos. Denn Roberto war sehr ungestüm, und eigentlich hatte sich Armando eher von Roberto kommandieren lassen. Sie wurden gerade deshalb ins Internat geschickt, damit Roberto gezähmt würde, der sich, kaum hatte er die Nase zum Nest hinausgesteckt, als zu stark erwies für die schwache Mutter (vielleicht war sie schon damals krank?) und den Vater, der den ganzen Tag in seinem Büro beschäftigt war. Das kleine Männchen hatte rasch Gesellschaft gefunden, die nicht zu ihm paßte. Der Vater und die Mutter wußten nicht, was er in den langen Stunden trieb, die er weder zu Hause noch in der Schule war. Sie wußten, daß er sich seiner neuen Kleider schämte und sein Bestes tat, um sie sofort zu ruinieren, daß er rauchte und eine Menge häßlicher Wörter wußte. Er suchte sie sich auch aus Büchern zusammen und kannte alle schmutzigen Wörter aus der ›Göttlichen Komödie‹, und nur die.

Die Mutter versuchte, den ungeheuren Schmerz zu besänftigen, und auch der Vater. Ihnen stand eine lange, große Trennung bevor, und sie hätten gern gewollt, daß der Abschied nicht allzu schwer fiele.

Kufstein! Ein langer Aufenthalt auf einem Bahnhof[1] mit vielen Bahnsteigen; sie standen im Freien neben den Gepäckstücken, die am

---

[1] Das Wort „Bahnhof" fehlt im Manuskript.

Boden abgestellt waren. Es ist kalt, obwohl es
Juni ist. Gott weiß, wieviel Uhr es ist. Es ist
nutzlos, danach forschen zu wollen, denn die
ferne Erinnerung kennt nicht solche Genau-
igkeit. Morgengrauen oder Sonnenunter-
gang oder vielleicht der Mittag eines Tages,
der ganz im Halbschatten liegt. Wer weiß?
Vielleicht war die Sonne jenes Tages durch
die große zeitliche Entfernung verblaßt.
Seltsam! Der Aufenthalt auf jenem Bahn-
steig, in der Erinnerung mit keinem Wort,
mit keinem denkwürdigen Ereignis ver-
knüpft, war nicht vergessen. Es kann jedoch
sein, daß Roberto spürte, daß er die Alpen
überquert hatte und sich jenseits der Mauer
befand, die sein Vaterland umschloß. Er
wußte auch, in welcher Richtung die Reise
fortgesetzt würde: zu jener weiten, endlosen
Ebene hin, auf der er einige regelmäßige
Hügel sich erheben sah, wie auf einem naiven
Bild, doch vielleicht war auch dies vom un-
vollkommenen Gedächtnis vereinfacht worden, das die Einzelheiten, das ganze Gebirge,

die Wälder, Straßen und Häuser nicht festgehalten hatte. Die Landschaft mußte noch immer unverändert sein. Der Alte nahm sich vor, diesen Ort noch einmal zu besuchen, wenn er wieder ganz gesund wäre. Seltsam, daß er zum erstenmal diesen Wunsch spürte. Wie das Gedächtnis arbeitet, wenn man sich ihm widmet! Es ist eine aktive Kraft und gibt nicht viel her, wenn man es nicht in Anspruch nimmt.

Würzburg! Eine saubere, vornehme, wenig bevölkerte Stadt. Studenten mit blauen Mützen. Die kleine Familie besucht einen riesigen Palast, der Bilder italienischer Maler enthielt. Roberto erinnerte sich an ein Zimmer, in dem das Echo den Ton, der es hervorrief, vervielfacht wiedergab. Wenn man ein Stück Papier zerriß, so klang es wie eine Trompete.

In Würzburg ereignete sich jedoch auch das Abenteuer, das die kleine Familie in Aufruhr versetzte. Der Vater wollte im Hotel mit Geldscheinen der Banca Triestina bezahlen, die seit alters das Recht hatte, eigene Banknoten auszugeben. Der Hotelbesitzer stieg von einer Art Thron herunter, der sich hinter einer hölzernen Balustrade befand, entsetzt darüber, daß man ihm so etwas als Bezahlung andrehen wollte, und kam hervor, um den Gast zu überwachen. Er brüllte, brüllte regelrecht, und so mußte Robertos Vater eine Bank aufsuchen, um seine Geldscheine gegen gängige Münze einzutauschen, und inzwischen die Familie und das Gepäck als Pfand zurücklassen.

Roberto war nicht erschrocken. Er erinnerte sich an nichts, was einem Schrecken geglichen hätte. Das Leben war für ihn immer in so sicheren Bahnen verlaufen, daß er nicht merkte, daß das Geld dabei wichtig sein konnte. Das Leben war für ihn ein Recht, und er verstand nicht, warum die Sache von Bedeutung sein sollte. Die Mutter jedoch, die kein Deutsch verstand, war erschrocken. Sie hatte den Schleier gelüftet, um sich die Tränen abzutrocknen, die ihre Wangen benetz-

ten. Die Tränen flossen ungehindert, da die lange Reise, die bevorstehende Trennung von ihren kleinen Söhnen und die Sorge um den Gesundheitszustand ihres dritten Buben, der etwas kränkelnd zu Hause geblieben war, sie nervös gemacht hatten. Seit der Abreise hatten sie keine Nachricht von Triest erhalten.
Der Vater kehrte etwas entspannter zurück. Er hatte die Taschen voller großer silberner Geldstücke. Er beklagte sich über den Kurs, zu dem man ihm gewechselt hatte, und machte sich auf italienisch gegenüber seiner Frau Luft, während er bezahlte: »Was für ein Land von Spitzbuben!« Und dann: »So etwas Ignorantes! Sie kennen die Banknoten der Banca Triestina nicht!« Es war das erste Mal, daß Roberto ihn etwas gegen Deutschland sagen hörte. Der Vater bewunderte dieses Land so sehr, daß er frohgemut die eigenen Kinder dorthin brachte, um sie dort erziehen zu lassen. Aber wenn die eigenen Interessen berührt werden, ändert die Welt oft ihr Aussehen.

Anschließend fuhren sie eine Dreiviertelstunde mit dem Zug. An diesem Punkt mußte der Alte sich keine Mühe geben, um sich an jene Strecke zu erinnern, die er später so oft zurückgelegt hatte. Der Zug fuhr über einen Damm, der auf halber Höhe des Hügels auf der linken Mainseite gebaut worden war. Auf der anderen Seite des Flusses waren Hügel, die den anderen ähnelten, fast so, als würden sie in einem Spiegel reflektiert. Doch endeten einige der höchsten Kuppen im dichten braunen Unterholz des Waldes. Später erfuhr Roberto, daß, was er für Hügel gehalten hatte, die manchmal fast bis zum Fluß reichten, sich dann wieder einige Meilen entfernten, nichts anderes war als die launischen Ausläufer einer einzigen Hochebene. Spät, sehr spät begriff er, daß der Fluß den Boden ausgehöhlt und sich sein Tal geschaffen hatte, ein geduldiges Werk, das Jahrhunderte gedauert hatte. Und der Alte lächelte über sich selbst, während er sich erinnerte: Jeder Mensch ist blind gegenüber einem Teil der

Welt. Es war schon viele Jahre her, seit Roberto das Dorf verlassen hatte, in dem er mehr als sechs Jahre gelebt hatte, als er erkannte, wie jenes Tal beschaffen war, in dem er zum Gefühl und zur Vernunft erwacht war. Genaue Beobachtung war nie seine Stärke gewesen. Wahrscheinlich hatte er auf dieselbe Weise die Menschen verstanden, mit denen er zu tun gehabt hatte. Wenn man jemanden verstehen will, ist es sehr wichtig, ihn in den Winkel zu verstetzen, aus dem er gekommen ist, und Roberto wäre in diesem Maintal mit offeneren Augen umhergewandert, wenn er nicht immer einen Hügel vom anderen unterschieden und sie statt dessen als eine einzige Hochfläche gesehen hätte. Einzelne Hügel hatten sich plötzlich völlig voneinander abgehoben, denn manchmal hatte der Junge ins Tal hinabsteigen müssen, um vom einen zum anderen zu gelangen, da er nicht die Erfahrung gemacht hatte, daß er, hätte er einen größeren Bogen geschlagen, immer auf derselben Höhe hätte bleiben können, um auf eine andere Kuppe zu kommen. Und die Blindheit dauerte an, was den Ursprung der Dinge betraf. Wenn der Knabe gewußt hätte, daß der Fluß, der klein und unbedeutend war im Vergleich zu dem manchmal sehr ausgedehnten Tal, durch das er sich schlängelte, dieses Tal selbst geebnet oder geglättet hatte, dann hätte sich das Aussehen der ganzen Gegend verändert. Dort, wo das Tal breiter wurde, hatten sich Dörfer und Städtchen eingenistet, und dem naiven Auge des Kindes erschien es, als habe die emsige Bevölkerung den Hügel ausgehöhlt, um dann ihre Häuser zu seinen Füßen anzulehnen.

Sie stiegen auf einem kleinen Bahnhof aus, der ganz überwuchert war von grünen Kletterpflanzen. Herr Beer, der Direktor des Internats, erwartete sie am Bahnhof. Robertos Vater begrüßte ihn überschwenglich. Herr Beer war in Triest gewesen, um die Familie zu besuchen, die ihm zwei Schüler schickte. Auf Robertos Vater hatte er den Eindruck eines sehr gescheiten und gebildeten Mannes gemacht. Herr Dento war rasch in seinem Urteil über Dinge und Personen, änderte aber nur sehr langsam seine Meinung. Wenn er einmal seine Meinung gesagt hatte, dann lebte er damit so hartnäckig wie einer, der sich sein Haus mit eigenen Händen gebaut hat. Die Dinge änderten sich, die Person, die er liebte, wurde suspekt, und er fand alle möglichen Argumente, um sie zu verteidigen und zu erklären. Wenn er dann schließlich die Schläge spürte, die der Verräter ihm versetzte, dann erst empörte er sich über die Verruchtheit der menschlichen Natur – nur, um dann zu sagen, daß die Person, die er geliebt hatte, immer noch besser sei als alle anderen.

Herr Beer, ein Mann von ungefähr vierzig Jahren, trug immer einen langen schwarzen Bratenrock. Ein blondes Kinnbärtchen umrahmte sein ziemlich hölzernes Gesicht mit der feinen Nase; die Wangen waren glatt und nicht sehr frisch, das ganze völlig regelmäßige und farblose Gesicht schien mit Schreinerwerkzeugen geschnitzt worden zu sein. Er hatte lockiges, üppiges Haar, das dunkler war als das Bärtchen und der Schnurrbart.

Dann stieg man auf einem steilen Weg ins unten liegende Städtchen hinab, eine jener Kleinstädte, die vielleicht früher eine gewisse Bedeutung gehabt hatten, was sich an ein paar kleinen Barockpalästen ablesen ließ; die großen Fenster des obersten Stockwerks waren mit Holzintarsien geschmückt, der unterste Stock und der dritte hatten kleine, quadratische Fenster mit nur einer Scheibe.

An all dies erinnerte sich der Alte, da er es später so oft gesehen hatte. An jene Ankunft, an jene ganze Stunde erinnerte er sich nicht mehr, weder an Herrn Beer noch an die Reisegefährten, noch an irgendeine ihrer Gesten, an ein Kleidungsstück oder an ein Wort. Der steile Weg, das Städtchen, der Fluß gehörten nicht zu jener Stunde. Ganz deutlich erinnerte er sich nur an den Dienstmann des Internats, einen großen, leicht hinkenden Burschen, der einige Tage danach den Ort verlassen mußte, ohne daß Roberto ihn wiedersah. Glücklich ist die Stunde, die durch irgendeine Einzelheit identifiziert werden kann, auch wenn sie ganz ohne Bedeutung ist. Während der Hinkende die vielen Gepäckstücke den steilen Weg hinunterschleppte, hörte man seinen keuchenden Atem. Vielleicht bemerkte man ihn und erinnerte sich an ihn aus diesem Grund.

Am Fluß bestiegen alle einen langen, hochbordigen Kahn, der mit Hilfe eines langen Steckens, der gegen den nicht sehr tiefen Grund gestemmt wurde, fortbewegt und gesteuert wurde, und sie landeten auf einer riesigen, sandigen Halbinsel, die vielleicht einen halben Kilometer in den Fluß hineinragte. Sie stiegen aus und gelangten auf Brettern, die am Ufer ausgelegt waren, zu einem auf dem Sand errichteten steinernen Landeplatz, und so kamen sie vors Dorf.

Dorthin hatte sich der alte in Begleitung der Frau und der Tochter vor zehn oder zwölf Jahren wieder begeben, um die Erinnerungen aufzufrischen. Er hatte so große Veränderungen vorgefunden, daß nun die Anstrengung, sich zu erinnern, größer geworden war. Jedenfalls erschien ihm das ganze Dorf kleiner, armseliger, schmutziger. Das Internat war nicht mehr dort, nur noch Unrat. Aber auch die Landschaft selbst hatte sich verändert, denn die Hügel auf der rechten Seite des Flusses hatten ihre Baumbekrönung verloren, die von unten aus zu sehen gewesen war, und sogar das Flußbett, das zwischen großen Kanälen verlaufen war, die das einzige Mittel waren, um Überschwemmungen einzudämmen und das Sinken des Wasserspiegels zu verlangsamen, war nun tiefer gegraben worden, und die Kanäle hatte man trockengelegt und bepflanzt. Selbst das Fährschiff war verschwunden und durch eine steinerne Brücke ersetzt worden, für deren Benutzung man eine geringe Gebühr zahlen mußte – eine große Brücke, die sich majestätisch über dem Wasser erhebt, da sie von einem hochgelegenen Punkt des Städtchens ausgeht und das Dorf direkt oberhalb der Sandbank und auch oberhalb der bereits höher gelegenen, mit roten Rüben bepflanzten Felder erreicht. Auf dem Fluß selbst fahren mittlerweile wendige kleine Dampfer an Stelle einer bestimmten Art schlanker, mit Sand beladener Kähne oder von Flößen, die einen Kilometer lang waren und aus dem Holz bestanden, das zwei oder drei Männer vom Schwarzwald bis nach Belgien steuerten.

Danach mußte man sich nach rechts wenden, um ins Dorf zu gelangen: auf einer Art Pfad, der zwischen armseligen Häusern verlief, die hier und da abseits des Pfades lagen, der sich dann zu kleinen, nicht gepflasterten Plätzen erweiterte, die dort, wo die Wagenräder sie nicht durchfurcht hatten, von Gras bedeckt waren. Einige dieser Hütten wandten der Straße eine von Treppen durchsetzte Vor-

derseite und einen hölzernen Balkon zu, den
die Zeit und die Unbilden der Witterung
hatten dunkeln lassen. Auch damals noch
roch es auf diesem Weg stark nach Dung.
So betraten sie die Hauptstraße von der kleinen gotischen Kirche her. Diese erhob sich
inmitten einer sauberen grünen Wiese, die
ein paar Eichen und zwei Kastanienbäume
zierten, die damals in Blüte standen. Die
Häuser an der ziemlich breiten, nicht sehr
langen Hauptstraße, die auch am anderen
Ende von Häusern begrenzt wurde, so daß
eine Art gepflasterter Platz entstand, waren
schöner und sauberer als die anderen, einige
verschönert durch ihren Sockel und dessen
Abschluß, andere durch ein etwas kokett vorspringendes steiles Dach.
Frau Beer kam aus dem Haus, um die Reisenden zu begrüßen. Sie war eine schöne, elegante Dame, hochgewachsen, dunkel, mit
großen, ausdrucksvollen Augen, einem klaren Profil und einer Adlernase.
Der Alte auf dem Balkon von Opicina

seufzte. War es wirklich an jenem Tag gewesen, als sie aus dem Haus gekommen war, so, wie er sich an sie erinnerte, mit einem fröhlichen Lachen auf den Lippen, die großen schwarzen Augen während der Begrüßung aufmerksam auf sie gerichtet, mit ihrem raschen Gang, die ganze schöne Gestalt in einem ebenmäßigen Schwung wiegend, der an die Bewegung einer Tänzerin erinnerte? War es nun damals oder später, sie war jedenfalls in jenem Augenblick anbetungswürdig gewesen. Als er mit achtzehn Jahren für immer von ihr wegging, war sie, obwohl etwas dicker geworden, noch immer schön gewesen. Und doch hatte sie für ihn nie schön ausgesehen. Seine erregbaren jugendlichen Sinne hatten in einer ganz anderen Richtung gesucht. Warum? Der Alte suchte vergebens nach einem Grund und zog den Schluß: Die Menschen können nicht alles sehen; bestimmten Dingen sind ihre Augen verschlossen. Nur die Zukunft konnte ihn besser belehren. Natürlich die Zukunft der

Erinnerungen! Er mußte lernen, daß die Arbeit des Gedächtnisses sich ebenso in der Zeit bewegen kann wie die Ereignisse selbst. Dies mußte eine wichtige, wenn auch nicht die wichtigste Erfahrung sein, zu der ihm jene köstliche Arbeit verhalf, der er gerade nachging. Er erlebte wirklich die Dinge und die Personen noch einmal.

Sein Wunsch hätte ihn dazu gebracht, nicht so weit zurückliegende Zeiten zu suchen, in denen er die Kontinuität, das Licht, die Luft, das Wort jedes einzelnen Augenblicks entdeckt hätte. Aber er wollte nicht! Es galt, weiterhin nach jenen wenigen kleinen Inseln zu suchen, die in jenem Meer auftauchten, und sie so aufmerksam wie möglich zu betrachten, um irgendeine Verbindung zwischen der einen und der anderen wiederzufinden.

Hier war eine dieser Inseln: erfüllt von Licht und von Schmerz, und wirklich so gekennzeichnet, daß man sie ganz und in ihrem eigenen Raum sehen konnte.

Herr Beer bewies an jenem Tag sein politisches Geschick. Nach dem Essen trennten sich Vater und Mutter von den beiden Knaben, die Mutter in Tränen aufgelöst, so daß der Vater mehr damit beschäftigt war, ihr Trost zuzusprechen, als sich von den Söhnen zu verabschieden. Auch die zwei Knaben zeigten sich sehr erregt, und da griff Herr Beer ein und sprach mit dem Vater. Dieser nickte heftig, als sei ihm ein sehr geeigneter Vorschlag gemacht worden, und erklärte gleich darauf den Kindern, wenn sie sofort aufbrechen würden, könnten sie bis zu einer Stelle kommen, von der aus sie die Gelegenheit hätten, die Eltern noch ein letztes Mal zu sehen.

Also faßten sich die beiden Knaben an der Hand und folgten Herrn Beer in seinem ewigen Überzieher. Sie verließen die Eltern, doch bereiteten sie sich sogleich darauf vor, sie noch einmal zu treffen.

Herr Beer richtete von Zeit zu Zeit einige Worte an sie, die sie nicht verstanden, und vertrauensvoll folgten sie ihm weiter. Sie gingen auf einem Weg, von dem aus sie den Fluß nicht sahen, der weit weg war, sondern nur das dichte, üppige Gebüsch und das Schilfrohr an seinen Ufern. Bald schien Herr Beer, der ihnen nun vorausging, tief in Gedanken versunken, und mit langsamen Schritten ging er ein Stückchen vor den beiden Kindern her, die ihm Hand in Hand folgten. Was war das für eine Bahnlinie, daß man mit einem solchen Tempo den Zug einholen konnte, der kurz zuvor abgefahren war? Die Ungeduld beschleunigte die Schritte der beiden Knaben und veranlaßte Armando, schneller zu gehen, wobei er kürzere Schritte machte, um nicht gegen Herrn Beer zu stoßen, der vorausging. Roberto machte es ihm nach. Und etwas passierte, was die beiden Knaben in Erstaunen versetzte. Das Tempo Armandos beeinflußte Herrn Beer, der seinen Schritt beschleunigte, ohne es zu merken. Der Träumer ging voraus, ohne sich umzuwenden.

Armando lachte, Roberto nicht, der sehnsüchtig erwartete, seine Eltern wiederzusehen. Er hoffte in seinem kindlichen Gemüt, sich wieder an die Mutter klammern zu können, für immer. Warum mußte die angedrohte Trennung überhaupt stattfinden?

Herr Beer näherte sich wieder den Kindern und brachte sie auf einen Weg, der sich vom Fluß entfernte und auf den Hügel zuging. Zu dessen Füßen führte der leicht ansteigende Weg zum Dorf. Dann blieb Herr Beer in Person und in Gedanken bei den Kindern und ermunterte sie hin und wieder mit einem Wort, das französisch sein mußte und das sie nicht verstanden.

An jener Stelle ging das Dorf allmählich in die Felder über, die Häuser waren höher und größer und ohne jeglichen Schmuck, unten in Stein gemauert, oben mit Brettern gezimmert, und hatten steile, mit neuen Ziegeln gedeckte Dächer.

Und so langten sie wieder bei dem Bauernhaus an, von dem aus sie aufgebrochen waren. Robertos Herz schlug rasch. Armando war tief betrübt, und sofort standen ihm Tränen in den Augen, aber er schien schon bereit, sich mit seinem Los abzufinden, und blieb an der Tür stehen. Roberto jedoch, der sofort begriff, wie Armando den Streich auffaßte, den man ihnen gespielt hatte, begann die Treppe hinaufzurennen, bevor ihn irgend jemand daran hindern konnte. Wohin ging er? In das Eßzimmer, in dem sie sich kurz zuvor von den Eltern verabschiedet hatten, oder in das Schlafzimmer, in dem die Eltern geschlafen hatten?

Übersetzt von Anna Leube

Elio Schmitz
Reise nach Segnitz

Mein Vater, der immer bereit war, für uns jedes Opfer zu bringen, sei es mit dem Herzen oder mit dem Geldbeutel, hatte folgenden Grundsatz: Die Söhne werden unter den Augen der Eltern niemals tüchtige Männer. Deshalb wandte er sich an die angesehensten Zeitungen, um so ein gutes Internat ausfindig zu machen. Er suchte ein Internat, in dem man viel lernte, sich aber nicht an die Bequemlichkeiten der feinen Leute gewöhnte. Deshalb wählte er das Brüsselsche Institut in Segnitz in Bayern. (...)
Daß meine Abreise sich schmerzlich gestaltet hat, das ist sicher und auch natürlich. Die Abneigung in mir, man könnte sie angeboren nennen, aus Triest wegzugehen, wo ich in jeder Beziehung verwöhnt worden war, und die Familie zu verlassen, machte aus dieser Schule in meiner Einbildung eine Strafanstalt. Dazu kam eine große Portion Romantik, die ich mir durch die Lektüre französischer Romane erworben hatte. Ja, ich hatte schöne Dinge gelesen, aber die Schlechten waren auch in meinem Kopf und hatten bei weitem die Oberhand über die Schönen. Für mich war Dumas d. Ä. der beste Autor, den die Welt hatte und in der ganzen Literatur gab es nichts, das es mit ihm hätte aufnehmen können. Es war

drei Tage nach meinem 13. Geburtstag[1] und um halb elf Uhr abends sollte der Zug nach Wien abfahren. Ich erinnere mich daran, daß ich sehr weinte an diesem Nachmittag und daß ich um fünf Uhr, als ich mit Ettore ins Büro (von Papa) ging, zu ihm sagte, daß ich zweifelte, jemals wieder nach Triest zurückzukehren.

Ich aß zu Abend und um Viertel vor Zehn war ich am Bahnhof, nachdem ich meine Wangen mit einer Unmenge Tränen benetzt hatte. Am Bahnhof trafen wir[2] Angelo Ancona, der auch abreiste, um in Wien zur Universität zu gehen. Es ist unnötig, daß ich mir die Szene vor Augen führe, die ich an diesem Abend machte, denn, selbst wenn ich alles vergessen könnte, wird dieser Abend nie aus meinen Erinnerungen verschwinden.

Adolfo, Ettore, Finzi, Luzzatto, Reis und ich reisten mit dem Schuldirektor Spier. Finzi, Luzzatto und ich zum ersten Mal, die anderen waren schon im Internat. Ganz zuletzt ging ich in den Waggon. Die Lok pfiff und wir fuhren los. Ich saß an meinem Fensterplatz und sah unter meinen Tränen, wie mein schönes Triest sich von mir

---

[1] Demnach war es der 24. Oktober 1876.
[2] Adolfo, Ettore und Elio Schmitz

entfernte, das ich für lange Zeit nicht wiedersehen sollte und in meiner Nähe tauschten Finzi und Luzzatto Bonmots aus, sie schienen beide fröhlich und zufrieden, als ob wir von Segnitz nach Triest und nicht von Triest nach Segnitz führen. Schließlich wurde mein Blick auf Triest und seine schöne Bucht von den Felsen des Karsts versperrt und so kauerte ich mich auf meinem Platz zusammen und blieb schweigsam. Wir hatten zwei Abteile zu unserer Verfügung und so hatten wir es bequem. Die Gesellschaft war mir nicht allzu angenehm. Herr Spier, dessen Ausstrahlung ich schon spürte, hatte sich ausgestreckt und, wie immer, wußte er von nichts, kannte niemand und war ganz in die Lektüre eines Buches vertieft, das er immer bei sich hatte. Auch wenn er nicht gelesen hätte, hätte er niemand gehört oder gesehen, denn er hatte die Angewohnheit zu träumen, daher auch sein Spitzname »Halomes« oder »Halomespeter«, das aus dem hebräischen Wort »Halomes«, das Träumer bedeutet, und »Peter«, einen Namen, den man im Deutschen auch zum Spotten benutzt, zusammengesetzt war. Er war ein Mann von hoher Gestalt, die Haare und der Schnurrbart rotblond; mit offenem Gesichtsausdruck, durchdringenden Augen und einer Denkerstirn.

Er war ein sehr friedlicher Mensch, der aber, wie ich später erfuhr, nach Segnitz zu einer Art Zwangsaufenthalt verbannt worden war, weil er in seiner Jugend dem Frankfurter Parlament angehört hatte. Im übrigen war er ein Lehrer mit tiefem Wissen auf seinem Gebiet, in jeder Beziehung ein erfahrener Mensch bis ins Mark.

Luzzatto wurde in unserer Gruppe nur geduldet, weil er Triestiner war, das ist das größte Verdienst, das einer überhaupt haben kann.

Arturo Finzi teilte, obgleich er recht guter Dinge abgereist war, immer meine Ansichten über Segnitz. Wir waren Freunde während der ganzen Zeit, die wir dort verbracht haben. Reis schließlich ist ein kleines Großmaul, der, wenn man ihn hört, ein Phönix unter den Menschen zu sein scheint, aber wenn man mit ihm zu tun hat, verliert man alle Illusionen. Er ist extrem eitel und ich erkenne an ihm überhaupt nichts besonderes.

Über meine erste Reise mit Direktor Spier kann ich nichts anderes sagen, als daß ich, wenn ich diese Landschaften sah, die ich oftmals in der Steiermark mit Noemi, Paola und Natalia[3] be-

---

[3] Seine älteren Schwestern

wundert hatte, ich mich nach diesen im Waggon umsah, aber, o weh, meine Enttäuschung groß war, als ich mich dem knöchernen Gesicht des gleichmütigen Direktors gegenüber fand. Wir kamen um halb elf Uhr abends in Wien an. Ich erinnere mich daran, daß wir im Hotel Metropole gegessen haben. Danach gingen wir schlafen. Wir hatten drei wunderschöne Zimmer, was mich nicht wenig wunderte, hatte ich doch schon oft das Lied vom Geiz meines Herrn Direktors gehört. Meine Verwunderung legte sich jedoch, als ich herausfand, daß er Teilhaber des Hotels war und ihm die Zimmer zu einem sehr guten Preis überlassen wurden. (...)

Am nächsten Morgen und den übrigen vier Tagen, die wir in Wien verbrachten, bin ich mit Finzi und Luzzatto nach dem Aufstehen kreuz und quer durch Wien und die Baracken des Prater spaziert. Ich habe alle fünf Gulden, die Papa mir gegeben hatte, bei dieser harmlosen Vergnügung ausgegeben, schoß hier auf eine Zielscheibe, ritt dort auf einem Holzpferdkarussell.

Unterdessen ging Herr Spier seinen Geschäften nach oder blieb im Hotel, um seine Zeitungen zu lesen. Und so verwirklichte ich den ersten Rat, den Papa mir gegeben hatte, nämlich mich in

Wien zu amüsieren. Für mich war es, wie ich schon sagte, ein und dasselbe, ob ich mich lebendig begraben oder ins Internat stecken ließ, und es war daher ganz natürlich, daß ich in Wien kaum einen Gedanken daran verschwendete. Inzwischen kamen Schüler von überall her an. Der erste war ein gewisser Leniel aus Gross. Kanisza, der, als er mich zuerst erblickte, in heftiges Gelächter ausbrach, weil er mich so blaß, so traurig und so mager sah. Er hatte die schlechte Angewohnheit, nach jedem Satz durch die Nase zu lachen, und er verspottete mich so ausgelassen, wenn ich versuchte, mich mit einem deutschen Wort verständlich zu machen, daß ich mich auf meinem Sitz ganz entmutigt von diesem ersten Versuch im Germanischen zusammenkauerte.
Schließlich kam der vierte Tag und wir reisten ab. Von den Schülern, die sich uns angeschlossen hatten, kann ich mich unter anderem an die Naschauer, Rusziszka, auch zwei, zwei Niederhofheim und andere erinnern. Dann war da noch ein gewisser Reis aus Sissek, der die anderen mit der Überlegenheit des Überheblichen behandelte.
Bald in der Schule, hatte der Stärkere das Recht zu befehlen und man mußte ihm gehorchen. Als mir Ettore das erzählte, warf ich einen Blick auf

die Umherstehenden und stellte zu meinem großen Unbehagen fest, daß alle mich Schwächling herumkommandieren konnten. Ettore versicherte mir jedoch, daß ich nichts zu befürchten hatte, man müßte mich anerkennen, wenn es nicht wegen meiner körperlichen Gaben war, dann doch wenigstens wegen seiner und derjenigen Adolfos.

Vor der Abreise hatte ich daheim einen Brief geschrieben, in welchen ich all meinen Kummer zu stecken versuchte, was mir aber nicht gelungen ist. Heute lache ich über meine zusammengesponnenen Sorgen von damals, aber ich hatte sie erfahren, und, wenn ich sie heute auch Hirngespinste nenne, waren sie damals doch immens. Mein Pech war, daß ich kein Deutsch konnte. Ich verstand überhaupt nichts, obwohl ich es lange Zeit gelernt hatte.

Um Mitternacht erreichten wir Budweis. Der Direktor schlief und ich erlebte zu meiner Verblüffung, daß mein Nachbar mir im Dunkeln eine Kopfnuß verpaßte und das gleiche auch mit allen anderen machte; und zu meinem größten Erstaunen sah ich, daß alle, um den Direktor nicht zu wecken, mucksmäuschenstill aus dem Waggon stiegen, um Posten um einem Tisch im Wartesaal

zu beziehen. Ettore sagte, ich solle mit ihm kommen, und ich stieg aus und betrat auch die Bierstube des Bahnhofs. Auch Adolfo war da, saß aber an einem anderen Tisch mit den beiden Weill aus Strakonitz, die zugestiegen waren, während ich schlief.
Die beiden Weill waren Leute mit Lebensart, Millionärssöhne. Der ältere, ein junger Mann von herkulischer Kraft, hatte eine zusammengedrückte Stirn wie die Ziegen, und bewies damit die Richtigkeit von Lavaters Theorie, da er ziemlich dumm war. Ich glaube, Ettore hat mich halblaut ermahnt, daß er ein Junge war, den man respektieren mußte, denn er war der Stärkste im Internat. Der jüngere Weill hatte eine Schwäche in den Beinen und trug deshalb Eisenstützen, um sich aufrecht halten zu können. (...)
Sobald wir eingetreten waren und uns hingesetzt hatten, gab es für alle einen Milchkaffee. Ettore erklärte mir, daß man in Budweis dem Bohnenkaffee Adieu sagen mußte, denn im Internat gab es nur Cicoria, Ersatzkaffee, zu trinken.
Ungestüm kehrten wir in das Coupé zurück, ich kauerte mich zusammen und wahrscheinlich schlief ich ein. Ich erinnere mich jedoch, daß meine fixe Idee, nämlich Triest, in dem Durch-

einander um mich herum, immer weiter wuchs. Ich glaubte mich von der ganzen Welt ausgestoßen und ich fühlte, wie es mir das Herz zerriß bei der Vorstellung, daß ich jetzt einige Jahre mit dieser Horde leben sollte, was ich mir viel schlimmer vorstellte, als es dann wirklich war.

Am Morgen danach erreichten wir Fürth und alle »Blaukappen« frühstückten an einem Tisch zusammen. Wir waren etwa 20 und meine Mitschüler kamen mir schon sehr zahlreich vor.

Natürlich sprachen alle Deutsch. Ich wurde von allen verbannt. Mit Finzi und Luzzatto sprach ich gar nicht, weil sie in der Gruppe schon Freunde gefunden hatten.

Nachdem wir die österreichisch – bayerische Grenze überquert hatten, waren wir am Abend in Segnitz. Beim Aussteigen aus dem Zug sah ich mich umgeben von einer Unzahl Blaukappen, die schreiend und lachend einander die Hände schüttelten und einen Höllenlärm vollführten, wie bei den meisten ihrer Zusammenkünfte. Der Direktor stieg aus und begrüßte vier Personen, die ich gleich als Lehrer erkannte, mit Handschlag. Aus dem Waggon gestiegen ging ich mit Ettore und, o weh! zu meinem großen Bedauern stießen wir auf einen schönen Jungen mit einer Adlernase und englischer Aussprache, und Ettore hatte den bizarren Einfall, mich diesem lieben Knaben vorzustellen, der mir ein paar englisch klingende deutsche Worte sagte und ich antwortete ihm in einem italienisch klingenden Deutsch. Oh, wie ich mich an diesem Abend fühlte! Und erst in jenem Augenblick! In mir war alles vernebelt, stockdunkel. Alles um mich herum war mir gleichgültig und ich dachte nur an Triest, an Papa, an Mama und die Schwestern. Nach außen war ich verlegen wie immer: verlegen, weil ich mich nicht ausdrücken konnte, verlegen durch hundert Augen, die mich anstarrten und zu sagen schienen: *das ist der junge Schmitz*[4] und die sich darüber wunderten, daß sie mich so lang, so mager und so blaß sahen.

Beim Verlassen des Bahnhofs nahm Heinrich, der junge Amerikaner, ohne die Miene zu verziehen, den Koffer auf seine Schultern und wir gingen allen voran.

Ettore und die anderen redeten über Dinge des Internats, unterdessen ich die ganzen häßlichen Eigentümlichkeiten Marktbreits bewunderte.

---

[4] Diese und alle folgenden *kursiv* gesetzten deutschen Worte schrieb Elio Schmitz auf Deutsch in sein Tagebuch.

Wir nahmen einen Weg, der an den Seiten von zwei Kanälen mit stinkendem Inhalt begleitet wurde.
Ein paarmal wäre ich beinahe hingefallen, da die Straße ganz aus Kieselsteinen bestand. Mein geordnetes Triest im Sinn, betrachtete ich jene Häuser, die mir, so schien es, übereinanderfallen müßten. Hin und wieder gab es eine Petroleumlampe, die an einem Eisendraht von einem Haus zum anderen über der Straße befestigt war, allerdings sah ich weder in Marktbreit noch in Segnitz je eine brennen. Auf einmal spürte ich Sand unter den Füßen und sah, daß wir endlich in der Ebene, am Ufer, waren. Noch zwei oder drei Schritte, dann hörte ich schon das Rauschen des Stromes und gleich bot sich meinen Augen ein wunderschönes Bild: Der Main, der ruhig in seinem Bett dahinströmte, hallte in meinen Ohren wie das Rauschen eines Wasserfalles. Er trennte uns von einer großen Fläche, die sich vor einem Hügel erstreckte, von dem ich später erfuhr, daß es die *Waldspitze* war. In der Mitte dieser Fläche, mit den letzten Häusern schon am Hügel angelehnt, befand sich ein Haufen unregelmäßiger Häuser: Segnitz.
Im Rücken ein Hügel und zu meiner Rechten ein

kleiner Berg mit einem Ruinenhaufen auf dem Gipfel: Die Überbleibsel einer Feudalburg. Der Main teilt eine Fläche und macht zwei daraus: die von Segnitz und die von Marktbreit. Dann läßt er diese beiden Orte wieder hinter sich und scheint sie, die sich zwischen den Hügeln drängen, zu hindern, sich wieder zu vereinen. Sein Bett, in der Tat wie zusammengedrückt zwischen den Hügeln, beschränkte sich hauptsächlich auf eine Art Schlucht und verlor sich dann aus meinen Augen.

Wir warteten noch ein paar Minuten, die ich dazu benutzte, um den vom Mondschein erleuchteten Main zu betrachten: ein Anblick, der mich ein bißchen aus meiner Schlaffheit aufrüttelte, als uns der Rest der Schar einholte. Der Amerikaner neben mir stieß einen Schrei aus: »*Führer!*«; und ich sah, wie sich uns ein schwarzer Punkt langsam näherte, und dann konnte ich allmählich einen großen Kahn erkennen, mit einem starken, robusten Mann darin, einen typischen Bayern. Wir stiegen alle zwanzig in diesen Kahn, der, wie ich später erfuhr, eigentlich für Ochsenkarren gedacht war.

Wir betraten wieder festen Boden, wo eine Horde Schüler wartete. Ich kann mich nicht daran erinnern, jemand anderes als die beiden Brüder Mandel aus Cattara begrüßt zu haben, ich gab ihnen natürlich den Vorzug, weil ich mich ihnen verständlich machen konnte. Wir gingen ins Dorf und ich bemerkte, daß alle Schüler auf mich achteten, als ob ich ein seltenes Tier wäre.

Als wir in die sogenannte Hauptstraße einbogen, sah ich eine schöne, schwarzgekleidete Frau auf uns zukommen, die sich auf den Arm eines jungen Fräuleins stützte[5]. Die Direktorin gab Herrn Spier einen Kuß und ließ sich dann sogleich herbei, sich nach mir zu erkundigen. Herr Spier zog mich aus dem Knäuel der Schüler heraus, die zurücktraten und ein Spalier bildeten, und führte mich zu seiner Frau, die mir einen Kuß gab, und, nachdem sie die anderen Schüler begrüßt hatte, mich für den Rest des Weges mit sich nahm. Es schien mir, als hielte sie mir eine Predigt oder etwas ähnliches. Obwohl ich rein gar nichts verstand, hat sich in mir aber seit diesem Abend von jenem Gespräch das von ihr immer wieder einge-

---

[5] Anna Spier stand unmittelbar vor der Geburt ihres dritten Kindes: Else Karoline Spier wurde am 24. November 1876 geboren. Im Jahr zuvor war die erstgeborene Tochter Maria Sara gestorben.

schaltete Wort festgesetzt: »*Liebes Kind*«. Das Fräulein Herz, immer in Begleitung von Frau Spier, die sich auf ihre Schulter stützte, betrachtete mich wie alle anderen. Später hörte ich, daß mich deshalb alle anstarrten, weil mir mein Ruf ins Internat vorausgeeilt war, und sich alle nach dem, was Ettore und Adolfo von mir erzählt hatten, schon ein Bild von mir und meinem Wesen gemacht hatten. Fräulein Herz sagte mir, daß sie mich nach Adolfos Erzählung sehr viel kleiner vermutet hatte usw.

Wir kamen zu der Vorderseite eines Hauses und gingen eine Treppe hoch. Nachdem wir einen Flur durchquert hatten, gelangten wir in die Eingangshalle, gleich dahinter lag der *Speisesaal*. Es ist ein schöner Saal, von Säulen gestützt, mit parallel angeordneten Tischen. Es gab vier davon. Ich trat mit Ettore ein und die Frauen gingen weg. Ettore stellte mich den angeseheneren Schülern vor. Ich erinnere mich an Rava, einen Italiener aus Lugano und andere. Der Lärm in diesem Raum beeindruckte mich. Aber von einem Augenblick zum anderen verstummte der Lärm.

Wir setzten uns und mir wurde ein Platz bei Finzi und Luzzatto zugewiesen, und durch ständiges

Bitten und Betteln gelang es mir, Herrn Spiers Entscheidung herbeizuführen, uns für immer beisammen zu lassen. Während des Abendessens machte ich die Bekanntschaft von Fräulein Herz und Fräulein Carolina. Fräulein Herz wurde mir gleich sympathisch, als sie mir vier italienische Wörter radebrechte. Sie ist ein wunderschönes, kleines, schlankes Fräulein. Sie trägt die Haare wie ihre Tante, die Direktorin, kurz geschnitten und nicht modisch frisiert, sondern offen in den Nacken fallend. Ich lege viel Wert auf erste Eindrücke und dieser Fall ist der Beweis, daß ich mich nicht getäuscht habe. Fräulein Herz war mir sehr sympathisch mit ihrem offenen und heiteren Lachen, mit ihren schelmischen Augen. Über Frau Spier und Fräulein Carolina kann ich nicht das Gleiche sagen. Sie waren mir wegen ihrer übertriebenen Herzlichkeit vom ersten Abend an unsympathisch. Man führte mich in mein Zimmer, in dem es drei Betten gab, einen Tisch, einen Ofen, drei Stühle, drei Hocker usw. auf einem Raum, ich garantiere, nicht mehr als zwei Meter im Quadrat. Alles in diesem Zimmer war Miniatur. Die Schüssel zum Gesichtwaschen war so klein, daß nicht einmal ein Liter Wasser hineinging. Ich legte mich hin, doch, obwohl ich müde war von diesem Tag, konnte ich erst ein paar Stunden später einschlafen.

In diesen zwei Stunden dachte ich an Zuhause: Ich fragte mich, wie ich jahrelang so weit von Triest, von Mama, von Papa, von allem, leben sollte. Jedenfalls fühlte ich mich hier im Bett, wo ich frei an Zuhause denken konnte, wohler als im Saal oder sonstwo, angeödet von all dem Lärm, von der für mich unerträglichen Gesellschaft. Ich war und bin eher melancholisch und liebe es sehr, alleine mit meinen Gedanken zu sein; aber selten ist es mir geschehen, daß ich, wie an diesem Abend, wegen meines Kummers Trost in mir selbst fand.

Ich erinnere mich, jawohl, daß ich an diesem Abend bei dem Gedanken, auf einem Kissen statt in Mamas Arm einzuschlafen, sehr viel weinte, aber ich sagte mir, daß die Jahre vergehen würden und Papa uns nach einem Jahr vielleicht erlaubte, die Ferien in Triest zu verbringen, und dann hätte ich gebettelt, geschworen und alles getan, damit sie uns nicht mehr weggeschickt hätten und ich noch viele Jahre in Mamas Arm hätte einschlafen können. (...)

Übersetzt von Hans Michael Hensel

Nachwort

Wer Ettore Schmitz (1861–1928), den die literarische Welt als Italo Svevo kennt, zu verstehen sucht, muß wissen, wer ihn in seiner persönlichen Entwicklung lenkte und literarisch begleitete: Der Maler Umberto Veruda, Goethe, Shakespeare, Zola, Schopenhauer, Freud, Joyce und andere. Am Anfang steht sein Bruder Elio (1863–1886). Er war der erste und lange Zeit der einzige, der ihn verstand und in seinen Ambitionen bestärkte.

Einer, der für Svevo eine wirkliche Vaterfigur darstellte, wurde bisher fast völlig übersehen: Samuel Spier (1838–1903). Er war, wie es 1966 zum ersten Mal P. N. Furbank beschrieb, Svevos Direktor und Lehrer während seiner Schulzeit im Brüsselschen Institut in Segnitz am Main.

Erst vor kurzem wurde bekannt[1], daß Svevos Lehrer eine der wichtigsten Figuren der frühen deutschen Sozialdemokratie war. Er zählte zu den sechs Männern, die 1869 – wie August Bebel schrieb – »in einem Gasthaus dritter Güte in Magdeburg« den Eisenacher Kongreß vorberei-

---

[1] Hans M. Hensel: ›Samuel Spier, Sozialist. Wie Italo Svevo Deutschland entdeckte.‹ – *Bilder und Zeiten* (Beilage der *Frankfurter Allgemeinen Zeitung*), 29. April 1995, 6

teten. Die neue Partei verdankte Spiers hartnäckiger Überzeugungsarbeit ihre demokratische innere Struktur. Im gleichen Jahr ging er mit Wilhelm Liebknecht als Delegierter zum Kongreß der ersten »Sozialistischen Internationale« nach Basel, wo er in zwei Ausschüssen mitarbeitete. Bei der Reichstagswahl 1871 erreichte er nach Bebel die zweithöchste Stimmenzahl unter den Führern der »Social-demokratischen Deutschen Arbeiter Partei« (SDAP).

Als Svevo im Frühjahr 1874 nach Segnitz kam, hatte sich Spier, der zum letzten Mal 1872 öffentlich aufgetreten war, aus der Politik zurückgezogen[2]. Vorrausgegangen waren die Schauprozesse nach der »Lötzener Kettenaffäre«. Die SDAP-Führer Bebel, Bracke, Liebknecht und Spier sowie weitere Sozialdemokraten hatten sich wegen angeblichen Hochverrats zu verantworten. Spiers »Verbrechen«: Er war nach der Schlacht bei

---

[2] Eine Lebensbeschreibung Samuel Spiers findet sich in *Italo Svevo, Samuel Spiers Schüler*. Segnitz bei Würzburg, 1996. Das Buch enthält neben einer Reihe bisher unzugänglicher Dokumente auch Svevos Erzählung *Die Zukunft der Erinnerungen* in einer neuen Übersetzung, die sich stärker am ursprünglichen Text orientiert und lokale Gegebenheiten berücksichtigt.

Sedan für die sofortige Beendigung des Krieges mit Frankreich und für einen fairen Frieden ohne Annexionen eingetreten. Zudem hatte er Kontakt zu den Führern der »Internationale« Marx, Bakunin, Heß, Becker, Eccarius und Jung, was nach dem Vereinsgesetz verboten war. Spier verbrachte fast sieben Monate in Haft, zum Teil unter demütigenden Umständen.

Die Erinnerungen von Italo Svevo und Elio Schmitz sind die einzigen Texte, die Samuel Spier nach seinem Rückzug aus der Politik beschreiben. Auch kennt man keine anderen Zeugnisse, die vom Leben im Internat aus der Sicht der Segnitzer Zöglinge erzählen. Knaben aus ganz Europa und sogar aus Amerika gingen dort zur Schule. Einer war ab 1872 zum Beispiel Richard Fluß, ein Jugendfreund von Sigmund Freud.

Die *Zukunft der Erinnerungen* ist für mich Svevos schönste Erzählung. Er schrieb sie am 1. Mai 1925. Der alte Roberto (Svevo) erinnert sich auf dem Balkon der »Villa Letizia« in Opicina oberhalb von Triest an seine erste Reise nach Segnitz mit Armando (Svevos Bruder Adolfo) und auch an das erste Treffen mit »Herrn Beer« (Samuel Spier). Gleichzeitig bezieht er sich auf einen 1913 erfolgten Besuch mit Frau und Tochter in Segnitz. Dabei verwendet Svevo die Zeitebenen seiner Erzählung auf eine Weise, die in der Literatur ihresgleichen sucht.

Ganz anders der einfache Text des jüngeren Bruders Elio. Diese Erinnerungen entstanden Ende 1879. Die *Reise nach Segnitz* schrieb Elio Schmitz in ein Heftchen, bevor er am 8. Januar 1880 mit dem ersten Eintrag sein *Tagebuch* begann. Auch später kam er oft auf Segnitz zurück, so erzählte er am 2. März 1880 den Verlauf des 16. Mai 1877. *Das Tagebuch* ist das wichtigste Dokument über Svevos Jugend[3]. Ohne Elio wüßten wir zum Beispiel fast nichts über Anna Herz, über Svevos frühe Besessenheit vom Rauchen, seine schwärmerische Liebe zur Literatur und zum Theater, und gar nichts über seine ersten Enttäuschungen, Fehlschläge und Teilerfolge.

Man weiß, daß Svevo *Das Tagebuch* seines Bruders – und auch andere Erinnerungen an Segnitz, zum Beispiel ein Buch mit Widmung von Anna Herz – wie einen Schatz hütete. Vielleicht hat er Elios Aufzeichnungen noch einmal gelesen, bevor er

---

[3] Enthalten in Italo Svevo: *Elios Roman*; Elio Schmitz: *Das Tagebuch*. Deutsche Erstausgabe. Segnitz bei Würzburg, 1996.

Die Zukunft der Erinnerungen schrieb. Wichtig ist die unterschiedliche Sicht der Brüder auf die Dinge: Svevo kam in Segnitz gut zurecht und erinnerte sich noch im Alter dankbar an seinen Lehrer, wie seine Tochter Letizia später erzählte. Für den schwachen und kränkelnden Elio hingegen war die Trennung von der Familie ein Alptraum.

Die Schmitz-Brüder lebten als bevorzugte Schüler in Spiers Haus. Dort begegneten sie täglich Anna Herz. Für Ettore mag die junge Frau eher mütterliche Gefühle gehegt haben, während sie sich, nach allem was wir wissen, zum älteren Adolfo stärker hingezogen fühlte, der allgemein ein sehr beliebter Schüler war. Etwa ein Jahr nach der Rückkehr nach Triest erwähnte Elio im *Tagebuch*, daß Adolfo und Anna ein Liebespaar seien. Adolfo hat allerdings nie geheiratet. Später schrieb Svevos Witwe, daß es zwischen den Brüdern eine lebenslange Rivalität wegen des Mädchens mit den schelmischen Augen gegeben hätte. Das habe ihre Beziehungen überschattet.

Es ist der Stoff, aus dem man ein Drehbuch schreiben sollte: Der frühreife Jüngling, den es in die tiefste fränkische Provinz verschlagen hatte, wo es an Gedrucktem in vielen Häusern besten-

falls eine Bibel gab, landete im Hause eines geheimnisumwitterten Bücherwurms. Eine hinreißende Führerin zur größten Literatursammlung weit und breit stellte sich ein. Sie, außer den Büchern die einzige nennenswerte Sensation am Ort, bevorzugte aber den Bruder. Ettore Schmitz blieben – vielleicht zum Glück für die Literatur – »Hamlet«, »Belsazar« und die »Xenien« ...
Verblüffend ist, wie sehr sich Spiers und Svevos Leben gleichen: Bei beiden stimmt der Eintrag im Geburtsregister nicht mit dem Datum überein, an dem sie ihre Jahrestage feierten. Beide stammten aus Kaufmannsfamilien, heirateten als reife Männer sehr junge Frauen und waren, zumindest im Alter, sehr wohlhabend. Beide schrieben für lokale Zeitungen, beide verbargen zeitweise ihre atheistische und sozialistische Überzeugung, beide beherrschten mehrere Sprachen und beide gaben zeitweise Unterricht in Handelskorrespondenz. Svevo fing als alter Mann wieder mit dem Schreiben an; Spier engagierte sich im gleichen Alter erneut an der Basis der SDAP und schrieb ebenfalls wieder einige Artikel.
Sicher ist, daß Svevo die Erinnerung an seinen Lehrer nie aus dem Sinn ging. Unter den vielen

zerstreuten Blättern in seinem Nachlaß fand man auch die auf einer Reise nach London am 31. Dezember 1925 in Verona hingekritzelten Zeilen:

Armer Spier! Nun, da ich an ihn denke, liegt er ruhig unter der Erde. Und ich, hier oben, (bin) ebenso still. Er tat, was er vermochte und das ist es, was auch ich jetzt tue.

Hans Michael Hensel

KLEEBAUM-VERLAG

> Noch einmal der Bachmann begegnen <
Gedichte auf und für Ingeborg Bachmann
60 S., 19,80 DM

»Bibliophile Hommage« (*FOCUS*)

✣

William Turners Fränkisches Skizzenbuch von 1840
98 S., 36,– DM

»Kunsthistorische Sensation« (*Neue Presse Coburg*)
»Exakt so groß und großartig wie Turners originales
Zeichenbüchlein ist auch diese bibliophile Ausgabe.«
(*Franken–Merian*)

✣

Leonhard Frank: Die Mutter
Mit 9 Holzschnitten von Frans Masereel
Reprint der Vorzugsausgabe aus dem Jahre 1919
68 S., 29,80 DM

»Das leidenschaftlichste Buch gegen den Krieg,
das die Weltliteratur aufweist.« (*Kurt Pinthus*)

EIN VERLAG, DEN MAN SUCHEN MUSS

KLEEBAUM-VERLAG

> Der Augenblick des Fensters <
55 Fenster-Gedichte
108 S., 19,80 DM

»Keine allzu lieben Fensterlein« (*Fränkischer Sonntag*)

♣

Ludwig Richter:
Aus seinen Fränkischen Skizzenbüchern
96 S., 36,– DM

»Eine besondere Kostbarkeit« (*Nürnberger Nachrichten*)

♣

Jakob Wassermann: Die Fränkischen Erzählungen
Herausgegeben von Wulf Segebrecht.
Mit einer Umschlagzeichnung von
Michael Mathias Prechtl
488 S., 29,80 DM

»Die Auswahl verschafft eine aufschlußreiche
Kostprobe des prosaischen Schaffens.«
(*Fränkischer Tag*)

EIN VERLAG, DEN MAN SUCHEN MUSS

KLEEBAUM-VERLAG
KLEINE FRÄNKISCHE BIBLIOTHEK

1
EUGEN ROTH
> ABENTEUER IN BANZ <
Mit Illustrationen von Johannes Käfig
45 S., 19,80 DM

2
ITALO SVEVO
> Die Zukunft der Erinnerungen <
57 S., 19,80 DM

3
R. GERNHARDT / G. C. KRISCHKER
> Das Wirtshaus im Spessart <
Auf den Spuren Kurt Tucholskys
Erscheint im Herbst 96

EIN VERLAG, DEN MAN SUCHEN MUSS